Adult Alphabet SWEAR WORD COLORING BOOK

Adult Alphabet
SWEAR WORD
COLORING BOOK

Ass Hat

Adult Alphabet SWEAR WORD

COLORING BOOK

Bumble
Fuck

Adult Alphabet
SWEAR WORD
COLORING BOOK

Cock
Sucker

Adult Alphabet
SWEAR WORD
COLORING BOOK

DICK
WEED

Adult Alphabet SWEAR WORD COLORING BOOK

Eat a
Bag
of
Dicks

Adult Alphabet SWEAR WORD COLORING BOOK

Fuck
Stick

Adult Alphabet
SWEAR WORD
COLORING BOOK

Goddamn
Ass Bag

Adult Alphabet
SWEAR WORD
COLORING BOOK

HOBAG

Adult Alphabet
SWEAR WORD
COLORING BOOK

Idiot
Douchebag

Adult Alphabet
SWEAR WORD
COLORING BOOK

Jackwagon

Adult Alphabet SWEAR WORD

COLORING BOOK

Kunt
Licker

Adult Alphabet
SWEAR WORD
COLORING BOOK

Lame
Ass
Mother
Fuckers

Adult Alphabet SWEAR WORD COLORING BOOK

Mother
Fucking
Dickbag

Adult Alphabet SWEAR WORD COLORING BOOK

Nut
Sack
Ho

Adult Alphabet
SWEAR WORD
COLORING BOOK

Onerous
Cunt

Adult Alphabet SWEAR WORD COLORING BOOK

Puss
Bag

Adult Alphabet
SWEAR WORD
COLORING BOOK

Queef

Adult Alphabet
SWEAR WORD
COLORING BOOK

Rim
Job

Adult Alphabet
SWEAR WORD
COLORING BOOK

SHITSTAIN

Adult Alphabet SWEAR WORD COLORING BOOK

TWATBAG

Adult Alphabet SWEAR WORD
COLORING BOOK

URINE DRINKER

Adult Alphabet
SWEAR WORD
COLORING BOOK

VAGINA

Adult Alphabet
SWEAR WORD
COLORING BOOK

Wank Job

Adult Alphabet
SWEAR WORD
COLORING BOOK

xfuck

Adult Alphabet
SWEAR WORD
COLORING BOOK

Yo Mama

Adult Alphabet
SWEAR WORD
COLORING BOOK

ZEN
MOFO
AF

Adult Alphabet
SWEAR WORD
COLORING BOOK

www.ingramcontent.com/pod-product-compliance
Lightning Source LLC
Chambersburg PA
CBHW080842170526
45158CB00009B/2613
* 9 7 8 1 0 8 8 9 4 1 0 6 5 *